e-saggi fantasy

Fabiola Cannata

WESTEROS

Il Trono di Spade
dal romanzo alla realtà

Indice

Prefazione

di Luigi Toto

Nel panorama televisivo americano, sia per quanto riguarda le reti generaliste che la *cable tv*, debuttano ogni anno centinaia di serie tv, molte non arrivano ai due mesi di vita a causa della dura legge dei ratings, alcune si conquistano a fatica un'intera stagione, altre passano inosservate, qualcuna riesce ad essere un moderato successo, poche catturano l'attenzione dei telespettatori, dei media e diventano un vero fenomeno di cultura popolare.

Game of Thrones appartiene a questa categoria. La categoria di show che richiedono telespettatori attivi, che si informano, che discutono dell'episodio su internet, sui social, che creano tendenze su *Twitter*, hashtags, "meme" e gif su *Tumblr*, che creano discussioni "lettori vs non lettori," perché sì, *Game of Thrones* deriva da una saga letteraria. Non è di certo il primo adattamento da parte di *HBO*, pensiamo a *True Blood*, che deriva dai romanzi di Charlaine Harris, ci troviamo tuttavia di fronte a una trasformazione del mezzo di comunicazione molto fedele rispetto alla show sui vampiri.

Ovviamente, ci sono sempre quei fan che "ma questo non era nei libri/ma non hanno inserito quell'importante parte dei libri", ma fa tutto parte del gioco. La serie ha una grossa capacità di coinvolgere. *Game of Thrones* è la classica serie da social, ne parli su *Twitter* mentre lo vedi, crei una discussione su *Facebook*, litighi con i tuoi amici – e non – perché sei dalla parte degli Stark e non dei Lannister, fai *reaction videos* su YouTube, è uno show che ha riportato in voga il fantasy, che ha mixato generi in modi così intelligente da colpire diversi tipi di persone, conquistandosi, di fatto, il titolo di serie più vista di *HBO* al momento. Il *Red Wedding* è il lampante esempio della sua capacità mediatica, è stato uno degli eventi più discussi su internet il giorno dopo la messa in onda del nono episodio della terza stagione, provando che uno dei tanti motivi del successo di *Game of Thrones* sta nei personaggi. Ci si affeziona talmente tanto a queste creature immaginarie che finiamo per tifare per loro, per le loro casate, e quando questo ci viene portato via – e chi conosce George R.R. Martin sa che la sofferenza è sempre dietro l'angolo – ha un profondo impatto su di noi come telespettatori. Parliamo della sua capacità di far discutere: la storia, le svolte cruente, le ingiustizie, la morale, tutti quei punti cardine che in questo show assumono un ruolo non ordinario.

Game of Thrones non è la serie dove necessariamente vincono i "buoni", ma non è neanche una serie che si preoccupa di marcare la differenza tra bene e male, possiamo benissimo tifare per personaggi che non sono esattamente l'esempio dell'eroe, ma che nei nostri cuori di telespettatori lo diventano. È di questo che si discute: su chi deve vincere, su chi deve perdere, su chi deve vivere, su chi deve morire. E una serie che fa discutere, è una serie che ha successo.

Una serie che rispetta il materiale dal quale proviene, una serie "social" e che fa discutere, una serie che ci fa affezionare ai personaggi e che raggiunge i gusti di diversi tipi di persone grazie alla varietà dei generi. Questi i motivi del successo televisivo.

L'*excursus* intrapreso nel libro vi porterà sulla strada dove si incrociano i romanzi con la serie tv, offrendovi una panoramica su quello che è stato il percorso di adattamento, mentre io ho cercato di ragionare brevemente sui "motivi del successo" dei telefilm, perché quello è un po' il mio campo, l'autrice vi offre una visione dei due mondi che appartengono allo stesso universo, universo che racchiude una storia che appassiona milioni di lettori e di telespettatori.

Introduzione

L'idea da cui è nato questo saggio è sbocciata dalla mia profonda passione per il mondo del *fantasy*.

Come tanti della mia generazione sono cresciuta leggendo i libri di J. R. R. Tolkien (padre dell'immaginario *fantasy* moderno), i quali hanno poi acquisito un grandissimo successo grazie anche allo strepitoso adattamento sul grande schermo della saga de *Il Signore degli Anelli* (2001-2003), diretto da Peter Jackson.

Riagganciandomi dunque a questo fenomeno cinematografico e letterario, ho voluto soffermarmi sulla trasposizione da romanzo a serie tv, di una che reputo essere la degna erede de *Il Signore degli Anelli*, ovvero la saga di romanzi scritti da George Raymond Richard Martin, intitolata *Le Cronache del Ghiaccio e del Fuoco* e tramutata nella popolarissima serie tv americana *Game of Thrones*, trasmessa sul canale via cavo della *HBO*.

Il mio approccio a *Game of Thrones* non è stato immediato. Non avevo mai letto i romanzi, e ho scoperto la popolarità della serie solo quando era oramai iniziata. Questo, non perché fossi scettica, ma semplicemente perché, come spesso succede qui in Italia, per venire a conoscenza di un buon prodotto a volte bisogna attendere mesi o persino anni. Fortunatamente viviamo in un'era in cui tutto ciò è facilitato dai *social network*, e proprio grazie a questi riusciamo in tempo reale a "rimanere sempre sul pezzo", usando un termine giornalistico.

Così, una volta terminata la prima stagione negli Stati Uniti, decisi che era giunto il momento di iniziare questa serie di cui tutti parlavano. Nel giro di due giorni finii tutti e dieci gli episodi della prima stagione, fui come catturata dal quel mondo e da quella brutalità e realismo mostrati, che non potei fare altro che andare a cercare maggiori informazioni a riguardo.

Rimasi quasi sciocata dalle mia scoperte, ovvero che per la stagione successiva avrei dovuto attendere un anno intero, che il mondo di internet era pieno di *spoiler* (anticipazioni) l'incubo di ogni fan che si rispetti, e che molto probabilmente non avrei mai scoperto chi era la vera madre di Jon Snow.

Dunque decisi di sconfiggere ogni esitazione, comprai tutti e dodici i volumi de *Il Trono di Spade* e mi gettai in una maratona di lettura, con l'obiettivo che sarei stata al sicuro da ogni *spoiler* solo una volta messami a paro con tutti i libri. E così feci, mi persi tra le centinaia di pagine di questa saga, quasi vagando per quei luoghi immaginari che Martin descrive con tale scrupolo, o assaporando i succulenti piatti tipici dei Sette Regni, e terminando ogni capitolo con la fatidica domanda: rivedrò questo personaggio? cosa gli prospetta il futuro? è veramente successo quello che ho appena letto o è tutto un piano di Lord Baelish?

Oggi posso dunque affermare di essere una vera cultrice della saga e della serie tv, avendo espresso questa passione sia nel mio percorso di studi, con una tesi di laurea a essa dedicata, sia scrivendo recensioni sugli episodi o articoli legati alla serie, andando continuamente alla ricerca di nuovi spunti che mi permettano, chissà un giorno, di tramutare questa passione in qualcosa di più.

Tornando dunque al libro, in questo saggio inizierò con il primo capitolo esponendo brevemente la trama della saga, sviscerando le particolarità della sua struttura che, se da un lato prende spunto dai romanzi di Tolkien, come affermato dallo stesso Martin, da un altro è una storia che abbatte qualsiasi caposaldo della letteratura *fantasy*, portando il male a vincere sul bene e lasciando il lettore costantemente in uno stato di suspense.

Da questa panoramica sui romanzi mi sposterò poi verso l'analisi della trasposizione sul piccolo schermo, descrivendo le tecniche utilizzate dalla produzione nel riadattamento, con il preciso scopo di non tralasciare neanche il più piccolo dettaglio, poiché esso andrà poi a costituire il nucleo principale degli episodi o libri successivi.

Mi soffermerò inoltre sulle problematiche incontrate nella scelta delle numerose location sparse in tutto il mondo; nel riadattamento dei dialoghi per renderli più esplicativi allo spettatore, e nell'utilizzo delle costosissime tecnologie di computer grafica per la creazione di draghi, giganti e metalupi.

Il secondo capitolo verterà invece su un confronto tra i network che hanno trasmesso la serie.

Partendo dall'emittente americana *HBO*, descriverò la sua identità di tv di nicchia e il suo obiettivo principale: creare una tv di qualità. Proprio a tal riguardo verrà spiegato come il network ha voluto scommettere sulla riuscita di *Game of Thrones*, accaparrandosi il jackpot, e rendendola un totale successo mondiale con le sue strategie di promozione.

Parallelamente proporrò una panoramica dell'emittente italiana *Rai 4*, descrivendo com'è nata e a quali obiettivi ha mirato sin da subito. Proseguendo con l'analisi del nuovo canale, esaminerò il motivo per cui ha scelto di trasmettere una serie tv di questo calibro, mostrando tutte le conseguenti critiche che gli sono state mosse.

I capitoli terzo e quarto avranno lo scopo di concludere il tema di questo saggio soffermandosi sull'ultimo tassello a cui puntano tutti i media: il pubblico.

Più in particolare indagherò su quel piccolo-grande mondo di appassionati, che condividono un interesse comune su internet: il Fandom.

Verrà illustrato il percorso di nascita dei fan, cercando di decifrare la ragione del loro interesse per questi prodotti mediali, e il modo in cui si cimentano a loro volta in nuove forme di produzione, del tutto sconosciute all'economia globale, ma con un grosso riscontro a livello virtuale.

A tal riguardo sarà esaminato il fenomeno del marketing del fandom in tutte le sue forme, basandoci sulla serie oggetto del saggio *Game of Thrones*, che grazie all'aiuto finanziario apportato dalla *HBO* è arrivata a creare una delle forme di promozione più all'avanguardia del momento.

Capitolo 1
Game of Thrones: dal romanzo alla tv

"Molti la paragonano al fenomeno Tolkien, come si sente a riguardo?"

"Ne sono molto lusingato, Tolkien è stato il padre e unico maestro del fantasy moderno. I miei romanzi però non possono essere considerati del tutto tolkieniani, sono diversi infatti per molti aspetti, ma rimane di certo il fatto che qualsiasi scrittore voglia addentrarsi nel mondo del fantasy deve prendere spunto dal Maestro."

George R. R. Martin

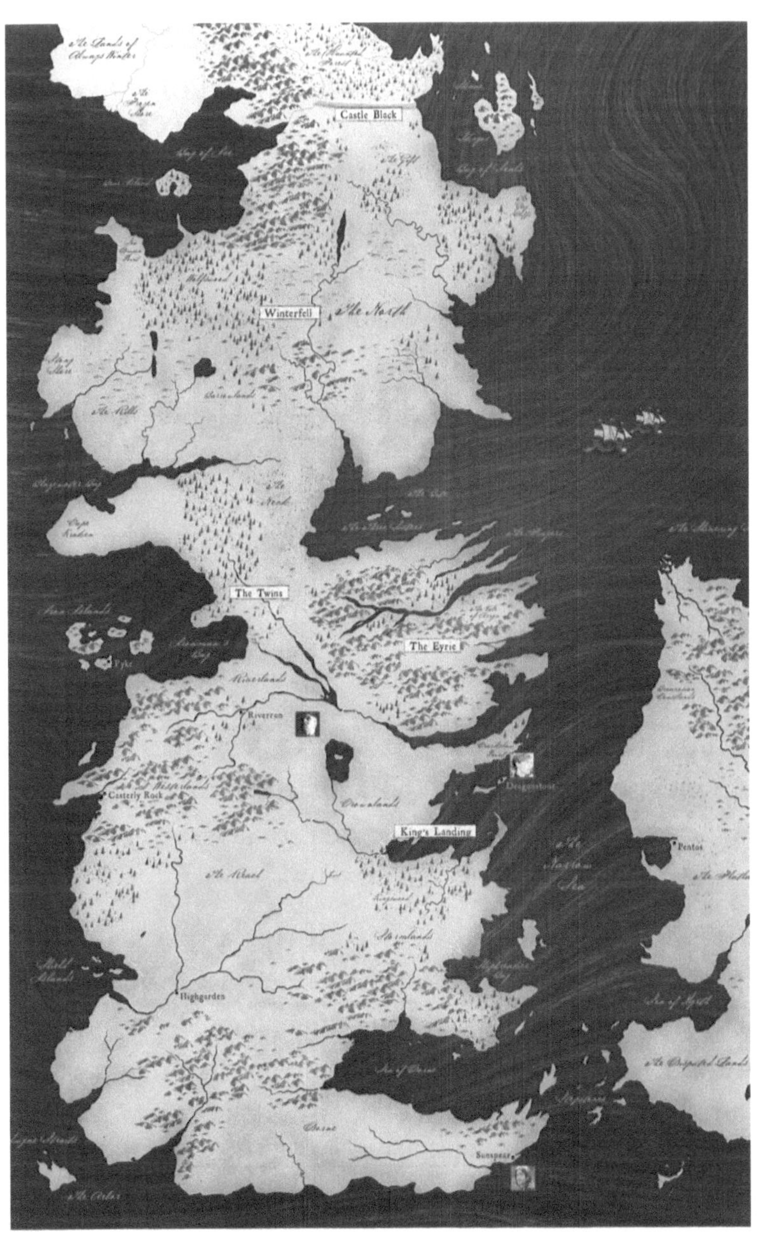

La mappa di Westeros

Il 17 Aprile del 2011 il canale via cavo americano *HBO* manda in onda per la prima volta il primo episodio di quello che oggi è divenuto uno dei fenomeni televisivi più popolari a livello mondiale: *Game of Thrones*.

Basato sulla saga di romanzi fantasy, *Le Cronache del Ghiaccio e del Fuoco*, apparsa per la prima volta nelle librerie americane nel 1991 dall'autore ed ex-sceneggiatore George Raymond Richard Martin, *Game of Thrones*, o *Il Trono di Spade* per gli italiani, racconta le vicende di varie casate che, in un mondo medievale e completamente inventato come quello di Westeros, attraverso intrighi e tradimenti tentano di conquistarsi il potere dei Sette Regni accedendo al famigerato e bramato Trono di Spade.

L'ultima stagione della serie tv si è conclusa lo scorso 15 giugno 2014. È stata diretta da David Benioff e D. B. Weiss ed è arrivata a contare quattro stagioni, composte da 10 episodi di 60 minuti ciascuna.

Sono invece iniziate da poco le riprese per la quinta e prossima stagione che andrà in onda dal 5 aprile 2015, e che vedrà un nuovo set aggiungersi alle location della serie. Questa volta sarà infatti la Spagna e più in particolare Siviglia a ospitare la residenza della casata Martell, unitasi alla fitta trama della serie e capitanata dal misterioso e vendicativo Oberyn Martell. Non si hanno molti dettagli su ciò che avverrà nei prossimi episodi, a parte per chi ha letto i romanzi. Ma con l'ultima stagione e con i risvolti inaspettati che sono successi, i fan di certo sapranno che ormai neppure gli amanti della saga sono certi di ciò che vedranno sul piccolo schermo.

Game of Thrones, nata concettualmente come una serie televisiva, ha raggiunto per budget e concept le proporzioni di un vero e proprio progetto cinematografico a puntate, il tutto grazie al finanziamento della *HBO*. La serie è infine stata trasmessa in Italia sul canale satellitare *Sky Cinema* per la prima volta l'11 novembre 2011.

Parlando del nostro Paese, la messa in chiaro della serie ha avuto diversi problemi relativi soprattutto alla censura, fattore spesso determinante nella cultura italiana. Il *Trono di Spade* infatti, per il suo realismo non si è di certo limitato nella produzione di contenuti troppo cruenti e troppo spinti, andando ovviamente incontro a molte critiche e discussioni a riguardo. Nonostante dunque i vari dibattiti su quale canale generalista potesse trasmettere la serie, e quali modifiche si sarebbero dovute apportare per la sua messa in onda; il direttore di *Rai 4*, all'epoca Carlo Freccero, prese in mano le redini e propose *Il Trono di Spade* sul suo canale in prima visione il 2 maggio 2013.

Tornando invece alla saga de *Le Cronache del Ghiaccio e del Fuoco*, essa nacque originariamente come una trilogia e il primo libro fu pubblicato negli Stati Uniti nel 1996. Nel corso degli anni però, Martin si rese conto del notevole impatto sul pubblico e sulle vicende legate alla storia, tanto da arrivare ad affermare che per la conclusione della saga sarebbero stati necessari almeno sette volumi.

Al momento l'autore è impegnato con la scrittura del suo sesto libro, molto atteso dai fan, i quali conoscendo le tempistiche con cui scrive i suoi libri (dai quattro ai sette anni) e la sua età non più giovanissima (66 anni), temono che egli non riesca a concludere la saga, lasciando i lettori senza un finale adeguato.

Nonostante ciò, la saga è arrivata a essere tradotta in più di venti lingue in tutto il mondo e per quanto riguarda l'Italia, la sua pubblicazione è stata affidata alla casa editrice *Mondadori* che pubblicò il primo volume nel 1999. Nel corso di questi anni diverse sono state le edizioni pubblicate del romanzo e, facendo un confronto con quelle straniere, nel nostro Paese si è sempre preferito suddividere i corposi volumi di più di 800 pagine ciascuno, in versioni tascabili più contenute, che per certi versi però hanno interrotto il flusso della storia disorientando il lettore con dei titoli che non hanno esaltato i fan. Fortunatamente grazie anche al notevole successo della serie tv, la *Mondadori* ha finalmente deciso nel 2011 di iniziare la pubblicazione dei volumi unici, a prezzi certamente più economici per il lettore e con collane dedicate interamente ai più appassionati.

A tal riguardo *Il Trono di Spade* è divenuto dunque,

come già accennato all'inizio, un vero e proprio fenomeno mondiale a 360 gradi, grazie soprattutto ai gruppi di fan che sono nati in seguito all'evoluzione di questa saga, creando il cosiddetto *fandom* (larga comunità di fan) del *Trono di Spade*.

Ad assecondare la nascita di queste comunità è di certo stato d'aiuto anche l'apporto della *HBO* e della sua mirata tecnica di marketing. Questa ha aiutato a creare degli eventi dedicati alla serie tv: da mostre a convention fino alla realizzazione addirittura di ricettari dei piatti tipici di Westeros, che hanno attratto milioni di persone di tutto il mondo e di cui si parlerà più avanti.

In conclusione c'è da chiedersi: ma cos'è che del *Trono di Spade* attrae così tanto il pubblico di oggi?

Di motivi ce ne sono tanti, ma di certo *Game of Thrones* è una saga e una serie che, nonostante sia sviluppata in un mondo fantasy, si ispira a luoghi realmente esistenti, e in un periodo storico molto distante dal nostro, riesce a sviluppare e ad analizzare situazioni e pro-blematiche attuali in maniera realistica e anche per certi versi cinica. Nel *Trono di Spade* i protagonisti non hanno l'*happy-ending* come se fossero in un film *Disney* o in una commedia romantica. È proprio questo che il pubblico apprezza, l'affezionarsi a un personaggio, capire il suo punto di vista e le sue scelte che, seppure giuste e ba-sate sull'onore e il rispetto, in un mondo e in una società corrotta come quella di Westeros non avranno vita facile e solo il denaro, la brama di potere e l'astuzia ti permetteranno di andare avanti.

"Ammiro molto Tolkien" aveva detto George R. R. Martin alla rivista *Time* nell'aprile 2011. "I suoi libri hanno avuto un'enorme influenza su di me. La metafora che lui ha cercato di creare, l'idea del Signore Oscuro e dei suoi malvagi servi, nel corso degli anni e nelle mani degli imitatori è divenuta un totale cliché. La battaglia tra il bene e il male – ha continuato Martin – è un grande tema per ogni libro e ancor di più per un libro fantasy. Ma credo che alla fine, questa battaglia venga combattuta più all'interno dell'animo umano, attraverso le decisioni che uno prende, che tra un esercito vestito di bianco ed uno vestito di nero."

"Quando guardo il mondo – ha concluso l'autore –, noto che la maggior parte degli esseri umani sono grigi. Non esistono persone completamente buone o completamente cattive, ognuno di noi al loro interno contiene entrambe le parti".

Capitolo 2
Dietro le quinte

2.1 - La struttura del romanzo

Quando Martin si mise a lavoro sulla stesura del primo volume de *Le Cronache del Ghiaccio e del Fuoco*, il primo punto cardine da decidere sarebbe stato quello della tecnica narrativa da utilizzare. In seguito ad una profonda analisi, Martin optò per la tecnica denominata "focalizzazione interna". Questo tipo di tecnica permette, infatti, di seguire i vari punti di vista dei personaggi, i quali raccontano la propria storia in terza persona. In questo modo perciò l'autore, descrivendo le complesse e intrigate vicende dei protagonisti che si dipanano per oltre 800 pagine, è riuscito a mantenere saldo il lettore, il quale vedendo, sentendo e, più di tutto, ascoltando i pensieri dei protagonisti, si affeziona a loro, proseguendo sempre più entusiasmato nella lettura e preoccupandosi di ciò che potrebbe succedere ai suoi beniamini (la morte è sempre dietro l'angolo).

"Quando i miei personaggi sono in pericolo" ha affermato Martin riguardo al suo debole per l'uccisione di figure importanti "voglio che chi legga abbia paura di voltare pagina, perciò è necessario mostrare sin dall'inizio che si sta facendo sul serio".

Ogni capitolo dunque si incentra su un personaggio, tanto da intitolarlo con il proprio nome (ad esempio: *Capitolo I: Daenerys, Capitolo II: Arya* ecc...). Gli eventi sono posti generalmente in ordine cronologico, facendo sì che i personaggi raccontino lo stesso evento a posteriori, da più punti di vista. Un esempio che chiarifica quanto detto è riscontrabile nel momento della cattura di Tyrion Lannister da parte di Catelyn Stark. Quest'episodio infatti, viene descritto in prima linea da Catelyn (nel suo capitolo dedicato) sottolineando l'astio che prova nei confronti del "folletto" Lannister; per poi essere richiamato in retrospettiva nel capitolo successivo incentrato sull'antagonista, Tyrion, il quale invece inizia a raccontare la vicenda, già rinchiuso nella sua cella.

Tuttavia, per far sì che il lettore colga tutte le informazioni, il personaggio durante il suo viaggio tende a ricordare gli eventi passati, a volte riempie il lasso di tempo che è trascorso dall'ultimo capitolo a lui dedicato, altre volte invece le loro memorie fanno luce sulle tradizioni dei Sette Regni, riuscendo a far percepire al lettore la loro visione del mondo.

Per questo motivo nel romanzo si vivono costantemente storie multiple che si intrecciano continuamente, facendo sì che molte volte le azioni di un personaggio ricadono sulle scelte di un altro.

2.2 - Riorganizzazione della trama del romanzo

Come già affermato nell'introduzione, quando il romanzo de *Le Cronache del Ghiaccio e del Fuoco* fu portato sul piccolo schermo, la *HBO* e i produttori decisero di strutturare ogni stagione con dieci episodi ciascuno.

"La scelta di girare solamente dieci episodi è dovuta essenzialmente ai costi di produzione" hanno spiegato i produttori. "Per girare ogni stagione la produzione impiega un anno, e un numero maggiore di episodi avrebbe comportato anche una maggiore attesa per i fan" (1).

Nonostante ciò, gli eventi del libro sono stati trasposti interamente sul piccolo schermo senza subire variazioni sulla trama del romanzo. Al contrario invece, non si può dire la stessa cosa per la struttura di quest'ultimo, che abbiamo analizzato nel paragrafo precedente, e che è stata oggetto di alcuni cambiamenti dovuti alle necessità del nuovo mezzo.

---

1   *Eric Goldman, "Game of Thrones: why season 2 is sticking to 10 episodes", 2011 (http://www.ign.com/articles/2011/07/28/game-of-thrones-why-season-2-is-sticking-to-10-episodes)*

Per chiarire meglio ciò di cui stiamo parlando, andiamo per ordine e analizziamo ad esempio un frammento del primo episodio.

La scena in questione riguarda l'incontro nelle cripte di due personaggi in particolare: il capostipite della famiglia Stark, Ned, e il suo vecchio amico, attuale Re dei Sette Regni, Robert Baratheon.

All'interno del capitolo del romanzo i due si addentrano nelle cripte degli Stark, affinché Re Robert possa, con la scusa della visita alla tomba della sua amata Lyanna, nonché sorella di Ned, discutere della situazione critica del regno e delle sue intenzioni a riguardo. Il tutto procedendo secondo questo preciso ordine e all'interno di un unico capitolo.

Nella serie, invece, la scena avviene in maniera leggermente diversa, essendo stata divisa in due parti. In primo luogo i due si addentrano nelle cripte per discutere della situazione politica e della nomina di primo cavaliere per Ned. Terminata questa scena, dopo un intermezzo di un altro personaggio attraverso la tecnica del montaggio alternato, si ritorna nelle cripte, ma improvvisamente l'atmosfera è completamente diversa. Vediamo le lacrime negli occhi del Re, e la sua voce è piena di dolore per il ricordo di Lyanna, il tutto contornato dalla musica che ne sottolinea il rimpianto e il lutto.

Separando questi eventi in due scene ben distinte, la serie è riuscita dunque a potenziare l'aspetto emotivo. Se la scena, infatti, fosse stata riprodotta per intero sarebbe risultata senz'altro molto lunga, e sarebbe stato più difficile trasmettere (allo spettatore) questo cambio di pathos in maniera così convincente.

Un'altra tecnica molto utilizzata dai produttori della serie tv per accrescere l'attenzione del pubblico è quella del *cliffhanger*.

Ogni episodio, con l'eccezione del primo, inizia con una sorta di sunto delle precedenti puntate e finisce con un momento di tensione, un *cliffhanger* appunto. Questa tecnica, generalmente usata nelle serie, ma ancor di più nelle soap opera, permette ai produttori di lasciare il pubblico in sospeso a ogni finale, facendo sì che lo spettatore sia ancor più invogliato a guardare l'episodio successivo. Il *cliffhanger* è stato dunque essenziale in Game of Thrones specialmente nei finali di stagione, sempre molto potenti sia a livello narrativo sia come impatto visivo, permettendo allo spettatore di rimanere incollato al televisore e aspettare un anno intero prima della messa in onda della stagione successiva.

2.3 - Tecniche di ripresa e non solo

Game of Thrones è una serie che si sviluppa sulle vicende di vari personaggi sparsi per tutto il mondo di Westeros. Per trasmettere dunque questa sorta di viaggio attraverso questo mondo completamente estraneo allo spettatore, i produttori hanno deciso di utilizzare una tecnica particolare di ripresa, chiamata *ripresa multi traccia*.

Nata essenzialmente per i concerti live, la ripresa multi traccia è generalmente utilizzata per sviluppare video in cui si intrecciano riprese di dettagli a riprese panoramiche di un evento, tutto in un flusso continuo.

Nel *Trono di Spade*, dunque, ogni episodio ha inizio con una panoramica generale in modo da mostrare il paesaggio o lo scenario dove gli eventi avranno luogo. In particolar modo questa tecnica è accentuata quando si incontra per la prima volta un nuovo personaggio, affinché venga fornita allo spettatore una sorta di descrizione generale.

Ogni qualvolta la panoramica termina, si prosegue con la ripresa dei dialoghi (molto frequenti nella serie),

Riprese in campo medio

Ripresa controcampo

caratterizzati soprattutto dalle tecniche di ripresa del campo medio rispetto a quelle del controcampo.

La scelta di una tecnica rispetto all'altra è determinata dal fatto che in questo modo lo spettatore si concentra, oltre che ad ascoltare il dialogo, anche a captare i piccoli dettagli che circondano i protagonisti. Il movimento della telecamera perciò è molto lento per la maggior parte del tempo, con frequenti stacchi sui personaggi che si trovano a dialogare in quel momento.

Oltre alle tecniche di ripresa esistono altri piccoli strumenti e trucchi che vengono adottati nello show per far sì che lo spettatore capti sin da subito in che luogo ci troviamo, e quali saranno i protagonisti e le azioni che vedremo. I due principali strumenti in questione sono appunto l'uso dei filtri e delle musiche.

Se nelle terre del Nord di Westeros ad esempio, le sequenze appaiono fredde, blu e prive di colori; le scene invece nella Capitale al Sud, saranno fortemente in contrasto con le precedenti, risultando più calde, ricche di tinte accese e avvolgenti. Per quanto riguarda infine la musica invece, per la maggior parte del tempo essa è tenue e utilizzata quasi come sottofondo, tuttavia, in altri momenti in cui è prevista l'azione, la musica tende ad acquisire timbri più forti e altisonanti con l'intento proprio di guidare la scena stessa.

2.4 - Dialoghi e pensieri

I dialoghi sono essenziali per lo sviluppo della trama e dei personaggi del *Trono di Spade*. Purtroppo però, per lo stesso motivo della riorganizzazione della trama molti di questi sono stati ridotti e condensati, rendendoli al contrario e inaspettatamente molto più potenti rispetto a quelli originali. In *Game of Thrones* dunque, i dialoghi sono orientati a rafforzare l'atmosfera nella scena riuscendo ad aumentare la tensione tra i personaggi.

Parallelamente ai dialoghi la serie di romanzi è basata anche sui pensieri dei singoli protagonisti, attraverso i quali il lettore riesce a conoscere gli usi e i costumi oltre che i singoli punti di vista su Westeros.

Ma come si sarebbe potuto riportare i pensieri e le memorie dei personaggi in televisione?

Chi di voi conosce un minimo l'ambito televisivo e cinematografico saprà di certo che esistono due tecniche molto comuni, quella del *voice-over* (voce fuoricampo che introduce ad una determinata scena o azione) e quella del *flashback*.

Durante dunque le varie discussioni a riguardo, si decise sin da subito di escludere il primo, essendo il *voi-*

ce-over da sempre stato oggetto di critiche, in quanto distrae lo spettatore dalla visione dell'insieme. Riguardo il *flashback*, invece, non fu possibile utilizzarlo a inizio serie per motivi logistici e di budget. Si decise così di far acquisire allo spettatore tutte le informazioni attraverso le ambientazioni e i dialoghi.

Un esempio esplicativo di questa tecnica è quello che troviamo durante il corso del primo episodio, nella prima scena con i personaggi di Jaime e Cersei, i quali si trovano a discutere di alcune questioni del regno durante il rito funebre di Jon Arryn, all'interno di una cattedrale dei "Sette Dei".

Entrambi non fanno alcun riferimento riguardo al tipo di religione, ma attraverso l'ambientazione, lo spettatore riesce comunque a ottenere maggiori informazioni su di essa come: la stella a sette punte trasportata dal sacerdote, la presenza di bracieri agli angoli della sala, le due pietre simboliche posizionate sugli occhi del defunto durante il rito funebre, e così via.

Jaime: «Come fratello sento il dovere di metterti in guardia, ti preoccupi in modo eccessivo, la gente lo nota»

Cesrsei : «Tu invece non ti preoccupi di nulla. A sette anni ti lanciasti dalle scogliere di Castel Granito, un tuffo nell'acqua da 30 metri, e non avesti paura»

J.   «Non c'era d'aver paura, finché non lo dicesti a nostro padre. "Sei un Lannister! i Lannister non si comportano da sciocchi"»

C: «E se Jon Arryn l'avesse detto in giro?»

J: «Detto a chi?»

C: «A mio marito»

J: «No, altrimenti le nostre teste sarebbero infilzate ai cancelli della città. Tutto ciò che sapeva se l'è portato con sé nella tomba. Un'altro primo cavaliere sostituirà il Re, mentre lui va a caccia o fa orge di puttane. Avrei dovuto dire il contrario?... E la vita continua»

C: "Dovresti essere il Primo Cavaliere»

J: «Un onore a cui non tengo. Giornate troppo lunghe e vite troppo brevi.»

Ecco quello che comprendiamo da questo breve dialogo:

- i due sono fratello e sorella;

- lei è la regina;

- sono entrambi cresciuti insieme in un posto chiamato "Castel Granito";

- il padre è una persona molto rigida e severa;

- lei è preoccupata;

- a lui importa come lei appare agli altri;

- lei lo considera un avventato;

- la recente morte di Jon Arryn contiene un oscuro segreto che i due condividono;

- il deceduto era il "Primo Cavaliere";

- il segreto li potrebbe far uccidere, se suo marito lo scoprisse;

- il Re non è visto di buon occhio da Jamie;

- lei ha molti progetti per il fratello;

- lui non è interessato ad assumersi responsabilità.

Questo dialogo dura all'incirca 1 minuto e 15 secondi, e riusciamo a trarre già tutte queste informazioni senza esserci dovuti soffermare sulla loro mimica facciale o sulla loro gestualità. La particolarità dunque di questa scena è il testo, scritto con lo scopo preciso di accrescere ancor di più l'interesse nella serie per tutti coloro che non hanno letto il romanzo, in modo da far capire già da subito il background di questi personaggi nel minor tempo possibile.

Ciononostante purtroppo uno spettatore medio che osserva la serie per semplice intrattenimento, non riuscirà mai ad impegnarsi a tal punto da decifrare queste informazioni, poiché sarebbe troppo difficile farlo in quelle condizioni.

La serie in ogni caso tende ad andare incontro a tutti, sia ai fan che ai nuovi spettatori. Chi ha letto il romanzo e successivamente si pone alla visione della serie usufruisce ovviamente di un vantaggio sugli altri, poiché possiede una serie di conoscenze superiori e molto più adeguate per interpretare questi complessi dialoghi.

Per chi ha invece iniziato la visione della serie senza leggere i libri, questo comporta un maggiore impegno, nel riconoscere tutti i personaggi, capirne i tratti e riuscire a entrare in un mondo completamente nuovo e diverso dal nostro, il tutto nel giro di soli 60 minuti.

L'obiettivo di questo adattamento è quindi proprio quello di riuscire a collegare le informazioni dei singoli personaggi, i loro caratteri e le loro ambiguità morali.

Tuttavia, anche se gran parte dei personaggi secondari sono stati tagliati dalla serie televisiva, essa risulta essere molto più difficile da comprendere per uno spettatore, che il romanzo per un lettore.

2.5 - Effetti speciali e *location*

Un aspetto complesso con cui la produzione ha dovuto fare i conti, è stato l'individuazione dei paesaggi e la creazione di personaggi fantasy come draghi, giganti e metalupi (creature, queste ultime, realmente esistite durante il periodo preistorico, parenti del lupo grigio ma molto più grosse e massicce dei loro cugini).

Per i primi, la scelta di location che si adattassero alla descrizione dei romanzi, è stata ardua.

In molte interviste, Martin ha spesso affermato di essersi immaginato il suo Westeros come una fusione di tanti paesi e culture diverse, tanto da iniziare gran parte dei suoi libri con un ringraziamento speciale ai fan di tutti i luoghi che lo hanno ispirato:

> "...per gli uomini e le donne di Asshai, in Spagna, che hanno cantato di un orso e di una fanciulla, e ai favolosi fan italiani, che mi hanno generosamente rifornito di vino, ai miei lettori finlandesi, tedeschi, brasiliani, portoghesi, francesi e olandesi e a quei

paesi lontani che aspettano ancora questo
giro di danza.."[2]

Nonostante ciò, si è arrivati a contare ben diciasset-te location in sei paesi diversi (Scozia, Irlanda, Croazia, Malta, Marocco e Islanda) tutte riadattate per rappresentare le sei sedi principali in cui si sviluppa la storia. Recentemente, per la produzione della prossima e quinta stagione, si è aggiunta alla lista anche la Spagna, con il suggestivo Alcazar di Siviglia come set per il regno di Dorne e sede della casata Martell.

Se però in molte di esse è stato semplicemente necessario un allestimento scenico che ricreasse le facciate di alcuni castelli o semplici balconate; in altre, come ad esempio l'Islanda e la Croazia, tutto ciò non è stato possibile a causa della maestosità di alcune scenografie (es. la Barriera: enorme muro di ghiaccio che protegge i Sette Regni dai Bruti ed Estranei).

Per porre un rimedio a queste problematiche si è optato per l'utilizzo di effetti speciali e più in particolare dell'elaborata tecnologia CGI (acronimo di computer-generated imagery), un processo attraverso il quale si possono creare immagini animate utilizzando elevati programmi di computer grafica.

Così dunque, come per i paesaggi, questa tecnica è sta-

2   G.R.R. Martin, prefazione del volume "I Fuochi di Valyria, Le cronache del ghiaccio e del fuoco", 2011, Arnoldo Mondadori Editore, Milano

Utilizzo CGI in Croazia

Utilizzo CGI in Islanda

ta applicata anche per la creazione di personaggi mistici come i draghi e i metalupi, la cui presenza è essenziale all'interno della storia.

Riguardo quest'ultimi c'è però da aprire una piccola parentesi. Durante infatti tutta la prima stagione i produttori decisero che essendo i metalupi molto piccoli all'inizio dei romanzi, sarebbe bastato utilizzare dei veri e propri cuccioli di lupo. Con l'andare avanti delle stagioni però, oltre che le difficoltà e le tempistiche incontrate per girare le scene, essi sono stati rimpiazzati dalla tecnologia, dovendo inoltre acquisire una stazza quattro volte superiore rispetto a quella di un lupo normale.

Per i draghi invece la creazione in CGI è avvenuta sin da subito, ed è stata fatta con la massima dovizia di particolari, tanto da comportare un elevatissimo budget (6 milioni di dollari per episodio in media) e la loro saltuaria presenza specialmente nelle ultime due stagioni.

Capitolo 3
"I *Soprano* della Terra di Mezzo"

3.1 - It's not tv, it's *HBO*

Il canale via cavo *HBO* nacque intorno alla metà degli anni Settanta, quando su richiesta di Charles Dolan, proprietario della *Sterling Communications*, venne fondato il *Green Channel*. Attraverso l'aiuto finanziario della *Time Inc*, di Tony Thompson e del rinomato avvocato Gerald Levin, questo progetto divenne *HBO*, un canale concepito a sottoscrizione che si basa sull'offerta di eventi sportivi e di film in prima visione. A differenza dei tre maggiori network statunitensi (*CBS*, *NBC* e *ABC*), *HBO* modificò sin dalla sua nascita il rapporto di forza tra marketing e audience. Infatti, se i tre network propongono programmi che possano piacere alla maggioranza degli spettatori, poiché vivono del sostentamento derivante dalla pubblicità. *HBO* ha come unico referente colui che sottoscrive l'abbonamento e che vuol vedere "qualcosa di diverso", programmi che nessun altro network può offrire[3].

Con l'inizio delle proprie trasmissioni l'8 novembre 1972, il network ha costruito la sua identità realizzando, uno dopo l'altro, capolavori che hanno sempre più accelerato il cambiamento. La brandizzazione, ovvero la caratterizzazione, dei programmi *HBO* ha fatto sì che il network venisse prima del creatore, prima degli attori, prima delle trame. *HBO* si fa autore dei propri programmi affiancandosi alle firme autoriali canonicamente riconosciute. Non è più solo importante che sia un programma di o creato da; è importante che sia un *HBO Original Programming*.

È proprio per questo che oggi *HBO* si presenta come garanzia di qualità, come ben pochi altri network hanno saputo incarnare. Ed è interessante notare come questa identità qualitativa della televisione sia stata raggiunta proprio distaccandosi, paradossalmente, dalla televisio-

---

3   *B. Di Maio, "Hbo televisione, autorialità, estetica, Roma, Bulzoni*

ne stessa. È noto, infatti, il suo motto *"It's not tv, It's HBO. Non è tv, è HBO"* può sembrare ironico (o ipocrita) che un network si distacchi dalla sua reale natura, ma è anche indicativo dell'atteggiamento assunto dalla compagnia, e della tendenza a legittimarsi in modo autoreferenziale.

Il giudizio di alta qualità insito nel motto è infatti dettato dal desiderio di allontanarsi dalla tv regolare, da quello spettacolo a cui è ormai abituato il pubblico, con l'intento di mostrare un *HBO* Style che sia riconoscibile trasversalmente, nella scrittura, nella produzione, nella promozione e così via.

Il pubblico a cui fa riferimento la *HBO*[4] dunque, al di là di dati anagrafici e provenienza geografica, rimane un pubblico intellettualmente vivace e preparato. *HBO* difende a spada tratta anche le serie che faticano ad avere un riscontro positivo in termini d'ascolti, impegnandosi in produzioni dispendiose con il rischio di non avere un adeguato ritorno economico. Per la loro qualità molti tra questi lavori hanno comunque ricevuto riconoscimenti importanti, indipendentemente dal loro successo presso il pubblico.

Volendo, quindi, trovare una definizione corretta per l'espressione "non tv", si può notare come la *HBO* faccia tesoro delle strutture della televisione, le assimili e le rielabori creando un prodotto nuovo. Come nota Al Auster *"HBO* si distacca dal trend comune della tv contempo-

---

4   *N. Peirano, "La quality tv e il modello HBO", Cinema e Dintorni, 2013.*

ranea, sia andando a discostarsi da quelli comunemente praticati dai network (il caso di *OZ*[5], T. Fontana, 1997), sia ripescando generi classici, ormai quasi dimenticati (il caso di *Deadwood*[6], D. Milch, 2004)"[7]. *HBO* ha così creato un sub-genere, di modo che ogni suo prodotto sia già di per sé, garanzia di qualità. "Lo stile *HBO* è un esempio lampante di come la televisione americana e inglese sia diventata, negli ultimi quindici anni, migliore del cinema"[8]. Fattori economici e produttivi, maggiore consapevolezza degli spettatori, maggiore maturità degli sceneggiatori, legittimazione del mezzo televisivo non più visto come idiot box: tanti sono i motivi che hanno portato a questo sviluppo.

Oggi dopo anni di investimenti il network ha ormai raggiunto un livello di penetrazione negli Stati Uniti molto alto. In alcuni casi i dati di ascolto delle serie *HBO* si avvicinano a quelli dei programmi trasmessi in chiaro, un risultato senza dubbio premiante.

---

5   *Oz (1997-2003) narra le vicende e gli eventi all'interno di un inusuale carcere e dei suoi abitanti criminali.*

6   *Deadwood (2004-2006) è una serie ambientata nel tardo 1800, che narra le vicende dei personaggi di Deadwood, Sud Dakota, una città piena di crimini e corruzione.*

7   *A. Auster, "HBO's approach to generic transformation", in G.R.Edgerton e B.G.Rose (a cura di), Thinking Outside the Box. A contemporary television genre reader,The University Press of Kentucky, Lexington 2008*

8   *Secondo la dichiarazione di P. Kramer così riportata in M. Jancovich e J. Lyons (a cura di), "Quality Popular television", PFI, London 2003, p1.*

3.1.1 - *Game of Thrones* sulla *HBO*

Game of Thrones è uno degli ultimi successi televisivi prodotti dalla *HBO*. Andata in onda per la prima volta il 17 aprile 2011 negli Usa, per poi essere trasmessa in tutto il resto del mondo, la serie è nata grazie all'apporto di due grandi produttori David Benioff e Daniel B. Weiss; i quali, grazie all'aiuto costante dello scrittore della saga Martin, hanno saputo trovare le giuste linee guida per rendere coerente la trasposizione dal romanzo alla serie tv.

I due hanno più volte affermato in alcune interviste che il loro amore per la serie è nato sin dai primi capitoli della saga. Ma nonostante ciò, erano ben consapevoli dei notevoli rischi e complicanze a cui sarebbero andanti incontro, realizzando una serie di questo livello. Come già detto in precedenza, la *HBO* è arrivata ad un punto tale da realizzare serie tv paragonabili a progetti cinematografici, elargendo ovviamente grandi somme di denaro.

È proprio grazie a questi presupposti che si è riusciti a dar vita a *Game of Thrones*. Tra le tante sfide affrontate, infatti, la serie ha richiesto uno dei casting più numerosi della storia della televisione, riprese in sei stati diversi, effetti speciali attraverso tecnologie avanzatissime, e la ricostruzione di più di 20mila costumi e oggetti di scena. È per tutti questi motivi e molti altri ancora, che questa serie non si sarebbe mai potuta realizzare se non all'interno della *HBO*, ci spiega Martin [9]:

> "Ci sono tanti vantaggi per cui questa serie può essere trasmessa solo su questo network.: non bisogna preoccuparsi della censura sui contenuti per adulti; ci viene concesso un budget considerevole e molto più grande di quanto avremo potuto ottenere lavorando con network come la *CBS* o *NBC* ma soprattutto la *HBO* non si basa solamente sugli ascolti che uno show ottiene, non ci è mai successo di dover pregare perché non ci cancellassero dopo il secondo o terzo episodio che andava male. La *HBO* si è impegnata in questo progetto, come ha fatto anche per *The Wire*, una che reputo essere la miglior serie del secolo, e che sarebbe durata solo quattro episodi in un altro network. Posso affermare dunque con certezza che la *HBO* punta molto sulla qualità ed è a questa che deve il suo successo".

---

[9] *W. Mossberg, K. Swisher, "HBO's Game of Thrones, G.R.R.Martin intervista con Walt Mossberg".*

3.1.2 - "I Soprano della Terra di Mezzo"

Prima del debutto sul piccolo schermo, la *HBO* ha iniziato la sua intensa campagna di promozione presentando sin da subito il *Trono di Spade* come "I Soprano nella Terra di Mezzo", con lo scopo ben preciso di invogliare sia il pubblico "impegnato" de *I Soprano*, sia il pubblico "fantasy" de *Il Signore degli Anelli*, a seguire la medesima serie.

Accompagnata dal motto ufficiale "Winter is coming" ("L'inverno sta arrivando", motto della Nobile Casa Stark) e dal successivo "You win or you die" ("[Quando partecipi al gioco del trono, o] vinci o muori") la serie tra il 2010 e il 2011 si è fatta spazio nel mondo del web con poster ufficiali, trailer, dietro le quinte, scene inedite, interviste e interi percorsi virtuali ed interattivi per i più appassionati.

La ricca e incessante promozione proposta dalla *HBO* è ciò che rende gran parte delle sue serie dei fenomeni mediatici a livello mondiale. Sin dall'inizio della campagna pubblicitaria il network, infatti, segue passo passo la serie creando dei veri e propri eventi a riguardo come le première per l'inizio di ogni stagione, o dei party per il lancio dei propri prodotti in dvd o blu-ray.

Game of Thrones non è stato dunque esentato da questo trattamento, come spiega infatti il *Director of Corporate Affairs* della *HBO*, Mike Hopper, descrivendo i vari passaggi che la *HBO* segue per la sua campagna promozionale:

> "Noi strutturiamo i nostri eventi attraverso quattro semplici passaggi.

- Il primo è la "socializzazione": questi eventi sono molto più che semplici episodi limitati che finiscono con il terminare dell'evento. C'è bisogno di fare in modo che chi partecipa a questi eventi, interagisca e discuta dei nostri prodotti, servizi e del nostro marchio. Un evento a cui partecipano 200 invitati che viene condiviso a livello sociale con più di 1000 persone è molto più prezioso, di un evento a cui ne partecipano il doppio, ma dove manca una riscontro sociale.

- Il secondo passaggio consiste nel fare in modo che ci sia una "partecipazione ai tuoi eventi": magari gli eventi di un'azienda possono non essere divertenti come quelli di una première della *HBO*, però devono comunque trasmettere informazioni. Se il pubblico si annoia e non è interessato a ciò di cui si parla, non hai solamente sprecato il tuo tempo, ma anche i tuoi soldi.

- Il terzo consiglio è quello di essere flessibili: molte volte gli eventi che riescono meglio sono quelli uniti ad altri eventi.

- Infine, si deve partire dal presupposto che anche un piccolo evento possa essere un buon evento: la *HBO* non ha bisogno di creare ogni volta dei grandi eventi a cui partecipino tutte le celebrità. Molte volte basta semplicemente un click per creare una discussione su un social network, e anche il più banale evento avrà una rilevanza mondiale.

Ovviamente la *HBO* è una società che produce prodotti di un certo livello, che possono essere promossi da soli. Ma, nonostante ciò, siamo sempre molto scaltri nell'amplificare gli eventi per dimostrare il valore dei nostri prodotti, al fine di ottenere grandi risultati di marketing". [10]

Trattandosi di una serie che sin da subito è stata realizzata per essere trasmessa a livello mondiale, non sono mancate inoltre proiezioni internazionali. *Game of Thrones* è stata scelta infatti come serie evento per il San Diego Comic-Con International (una delle convention più

10   S. Keller, "How HBO gets social with Game of Thrones", dcustom, 2013

rinomate in tutto il mondo per i fan di fumetti, film e telefilm) nel quale hanno creato stand dedicati e conferenze aperte al pubblico a cui hanno partecipato lo scrittore, i produttori, e gli attori Emilia Clarke, Peter Dinklage, Kit Harington, Jason Mamoa e Nikolaj Coster-Waldau, i quali hanno potuto rispondere a domande e curiosità dei propri fan.

Per quanto riguarda l'Italia, invece, i primi due episodi della prima stagione sono stati proiettati in anteprima al Telefilm Festival di Milano il 29 giugno 2011; la serie è poi approdata su *Sky Cinema 1* ed è stata trasmessa in prima assoluta l'11 novembre 2011, registrando ascolti record per una piattaforma televisiva a pagamento.

3.2 - *Rai 4,* le polemiche e la censura

Nel corso del triennio 2009-2012 [11] grazie alla maggiore disponibilità di frequenze connesse al progressivo passaggio al digitale terrestre, l'offerta gratuita di reti e di contenuti è aumentata in modo deciso, con la nascita o la ricollocazione di numerosi canali.

In un primo momento, questa moltiplicazione dei canali e frammentazione dei pubblici sembrava portare verso una prevalenza di tv tematiche, dedicate a un singolo genere televisivo o tipo di prodotto (la musica, i film, ecc...). Se in alcuni casi forti questa specializzazione si è confermata, le tendenze più recenti rivelano piuttosto una suddivisione delle reti per pubblici di riferimento.

Sempre più spesso le emittenti compongono insieme differenti tipi di programmi, rivolti a un singolo o a più pubblici affini. In questo quadro si colloca ad esempio la nascita delle tv mini-generaliste, reti rivolte a porzioni specifiche ma anche molto ampie del pubblico televisivo, incapaci di porsi in diretta competizione con i network generalisti classici ma al tempo stesso abili nel riprodur-

---

11   *M. Scaglioni, "La tv dopo la tv", Vita e Pensiero, 2011, p 56*

re la varietà e la complessità dei loro palinsesti, spingendosi addirittura fino a produzioni originali.

Rai 4 è un primo esempio di questa categoria. Il network venne lanciato per la prima volta, sotto la direzione di Carlo Freccero, il 14 luglio 2008 alle ore 21 italiane con la trasmissione del film *Elephant* (Gus Van Sant, 2003).

Secondo Freccero, una rete free come *Rai 4* lavora molto sulla selezione, scegliendo per quanto possibile titoli di culto o di genere in accordo al target di rete: "Una rete per un pubblico giovane, che naviga su internet, sensibile alle suggestioni della moderna comunicazione. La tecnologia digitale, satellitare e terrestre, ha cambiato il concetto di pubblico. La moltiplicazione dei canali e l'interattività producono, accanto a quello passivo della tv generalista, un nuovo pubblico: sono giocolieri, utenti televisivi provenienti dal web, che mandano filmati, fanno a loro modo giornalismo. *Rai 4* vuole intercettarli e trasformare gli spettatori in autori: il web sarà una fonte formidabile" e, continua Freccero, "*Rai 4* si alimenterà di serie cult, film e telefilm, cartoni animati, programmi musicali, oltre ai fuoricampo di alcuni *reality*. Non abbiamo grandi risorse, facciamo di necessità virtù. Una tv sperimentale non può scaturire bella e pronta come Minerva dalla testa di Giove: il viaggio è lungo ma so dove voglio arrivare. La cosa interessante è che gli studiosi dei media stanno procedendo a una classificazione del pubblico non più in base alle coordinate socioculturali - capacità di spesa dei prodotti pubblicizzati, ma in base alle stesse modalità di consumo televisivo. La multimedialità in cui siamo immersi (tv, cellulare, computer) sta attuando una rivoluzione, infatti non si parla più di *pubblico* ma di *pubblici*; quelli che giocano coi *reality*, gli spettatori fan che si nutrono di serialità. E ci sono gli spettatori che non fruiscono più la tv come mezzo di massa, ma attraverso percorsi multimediali, penso agli spettatori giornalisti che sul web mandano foto, reportage. Occorre recuperare il pubblico che si sta allontanando dalla tv generalista e ricorrere a modelli di produzione a basso costo, stabilendo sinergie con le tv generaliste Rai" [12].

Tra le tante polemiche e critiche a cui è andato incontro il nuovo canale *Rai*, per via del suo atteggiamento, per così dire, rivoluzionario, in questo capitolo ci soffermeremo ad analizzare le numerose polemiche mosse in seguito alla messa in onda per la prima volta su un canale gratuito della serie *Il Trono di Spade*.

---

12   S. Fumarola, *"Freccero: Con la nuova Rai 4 a caccia del pubblico giovane"*, Repubblica, 2008

3.2.1 - Polemiche relative alla messa in onda in chiaro di *Game of Thrones*

A due anni dal debutto su *Sky Cinema 1*, la serie tv della *HBO* è stata trasmessa per la prima volta in chiaro su *Rai 4*, il 2 maggio 2013 in orario prime time.

Molte sono state le discussioni riguardo alla messa in onda, ma il fulcro principale della questione era se mandare o meno la serie in versione integrale o censurata. Trattandosi comunque di uno dei canali *Rai*, si è optato di mandare il giovedì sera in prima serata una versione edulcorata della serie "VM18" (vietata ai minori di 18), per poi mandare in onda il giorno dopo la replica dell'episodio in versione integrale, in una fascia oraria non protetta.

In seguito a questa decisione il mondo di internet è esploso e il canale è stato bersaglio di numerose critiche. Da una parte si sono visti i fan della serie che non hanno compreso il motivo della censura, dall'altra invece c'è stata la critica dell'Aiart (Associazione Italiana Ascoltatori Radio e Televisione, composta da gran parte di genitori di fede cattolica), la quale ha richiesto la sospensione della serie, ritenendola volgare e pornografica, secondo quanto affermato dal presidente dell'associazione Luca Borgomeo nel suo comunicato stampa:

"Il programma è volgare, pornografico con insite scene di violenza e di sesso, quasi gli autori fossero impegnati ad ottenere l'oscar della depravazione. E' tollerabile che la Rai, servizio pubblico, alle 21 entri con un programma a luci rosse nelle case degli italiani? Si obietta che basta cambiare canale per non subire lo squallido programma: certo, ma perché in un Paese civile si deve sopportare l'incultura del servizio pubblico radiotelevisivo? La risposta amara è semplice: chi viola il buon senso e sperpera danaro pubblico è sicuro di non incorrere in sanzioni; chi dovrebbe erogarle è in tutte altre cose affaccendato!" [13].

Dopo le proteste da parte dell'associazione dei genitori cattolici, Carlo Freccero ha rilasciato una dichiarazione ufficiale tramite la quale ha difeso la scelta di mandare in onda la prima stagione de *Il Trono di Spade*:

"Si legge che *Il Trono di Spade* è volgare, pornografico con insistite scene di violenza e di sesso, quasi gli autori fossero impegnati a ottenere l'Oscar della depravazione. In

---

13   *Comunicato stampa: Luca Borgomeo, "AIART, sospendere Il Trono di Spade su Rai 4", 2013 - http://www.aiart.org/ita/web/item.asp?nav=5238*

realtà gli autori si sono impegnati non solo a ottenere ampi riscontri di pubblico, ma pure a guadagnare o a concorrere alle fasi finali, dei principali premi della tv americana e *fantasy*".

Questo quanto detto Freccero, elencando la lunga serie di riconoscimenti ottenuti dalla serie, tra cui lo Hugo Award, il Peabody Award, oltre alle nomination agli Emmy e ai Golden Globes.

"[*Il Trono di Spade*] Ha ricevuto attenzione da parte di vari studiosi che gli hanno dedicato pubblicazioni filosofiche, ed è universalmente riconosciuto come uno dei vertici assoluti della TV di qualità. Certo, affronta contenuti adatti a un pubblico maturo, e come tale viene trasmessa da *Rai 4* con tanto di bollino rosso e alcuni tagli per il passaggio in prima serata. La brutalità e la sessualità del *Trono di Spade* non hanno però lo scopo di traviare o di titillare il pubblico, ma di trattare in modo diegetico con il realismo imposto dal racconto, in modo relativamente inedito per il genere *fantasy*. Senza le situazioni criticate da Aiart, il senso di pericolo e la descrizione delle pulsioni dei protagonisti verrebbero a mancare, falsando completamente il ritratto, fantastico ma verosimile, di uno spietato gioco di corte pseudo-medievale. Sarebbe come chiedere di rimuovere dalla mitologia le azioni più crudeli degli dei o di espungere dalle tragedie greche i passaggi più violenti come la morte di Clitennestra nelle Coefore di Eschilo" [14].

Da questa serie di dichiarazioni si può notare come la percezione di una prodotto televisivo muti in base al paese e al canale in cui viene trasmesso. È legittimo che in un paese come l'Italia, influenzata da sempre dal Vaticano, nascano così tante polemiche a riguardo di contenuti forti mostrati nella serie, ma è anche vero che viviamo in un paese democratico in cui chiunque è libero di usare, in questo caso, il telecomando a proprio piacere. E se un programma non è consono con i propri gusti o interessi, basta un click per passare ad un'altro programma o spegnere la televisione del tutto.

____

14   _Comunicato stampa: "Rai 4: Freccero, Il Trono di Spade trasmesso nel rispetto delle regole", 2013 - http://www.ufficiostampa.rai.it/comunicati_aziendali/20130508/Rai   4__freccero___il_trono_di_spade_t rasmesso_nel_rispetto_delle_regole_.html_

3.3 - Il confronto

Si può certamente affermare che *Rai 4* abbia tratto ispirazione dalla *HBO* per quanto riguarda i contenuti della propria programmazione; tuttavia si possono riscontrare alcune differenze fondamentali. Se da una parte la *HBO* punta a una "non televisione", creando una programmazione indirizzata ad un pubblico intellettuale, *Rai 4* cerca invece di conquistare tutta quella fetta di pubblico rimasta esclusa dalla programmazione delle tre reti generaliste *Rai*, in particolar modo i giovani. Nonostante ciò, *Rai 4* non propone una programmazione autoriale, ma si affida a film e serie tv d'archivio di alta qualità, che altrimenti non troverebbero il giusto spazio nei canali generalisti (*Breaking Bad* o lo stesso *Game of Thrones*).

Ad affiancare la programmazione televisiva, entrambe le reti hanno cercato inoltre di avvicinarsi il mondo dei cosiddetti *users generated content* (contenuti generati dagli utenti sul web), creandosi una piattaforma virtuale. Ovviamente la *HBO* ha puntato alto, investendo molto più rispetto al canale *Rai* e lanciando il 18 febbraio 2010 l'*HBO GO*. Un sito web che offre 600 ore di contenuti disponibili per lo streaming in definizione standard e HQ (alta qualità), comprendendo: la programmazione originale *HBO*, film, speciali, commedie, documentari, sport e la programmazione notturna per adulti.

L'anno successivo la stessa piattaforma è stata lanciata anche per iPhone, iPad e Android raggiungendo oltre un milione di download [15].

Anche *Rai 4* ha cercato di mettere insieme una piattaforma virtuale, ma purtroppo per la mancanza di risorse non è riuscita ad attuare un progetto pari a quello americano.

---

15   B. Drawbaugh, *"Eyes on with HBO GO"*, 17 febbraio 2010

Capitolo 4
L'effetto mediatico di *Game of Thrones*

4.1 - Come il *fandom* influenza la tv di oggi

I concetti di culto e di *fandom*[16] (letteralmente, l'universo dei fan) sono diventati oggetto di una particolare attenzione nell'ambito degli studi sui media e sulla cultura popolare contemporanea. In molti approcci recenti sono stati addirittura assunti come imprescindibili chiavi di lettura per comprendere le strategie della produzione e della distribuzione, le forme dell'offerta e dei percorsi di consumo che caratterizzano *la cultura dei*

16   M. Scaglioni, "Tv di Culto, la serialità televisiva americana e il suo fandom", Milano, V&P, 2006

media tardo moderna [17].

I prodotti dell'industria mediale sono i candidati più ovvi ad elevarsi allo status di culto: si annoverano film di culto (o, meglio cult movies), canzoni di culto , icone di culto, telefilm di culto e via discorrendo.

Ma chi genera i culti? A questa domanda è impossibile dare una risposta. È però possibile provare a far emergere il contributo apportato dalle diverse istituzioni e dai vari soggetti che agiscono sull'articolato campo della moderna industria culturale, alla generazione di un culto: i media, in primo luogo, che attraverso l'invenzione o l'adozione di particolari pratiche di fruizione, sono i giudici assoluti della costituzione di forme di "culto".

Tra i format televisivi più coinvolgenti per il *fandom*, come già detto, ci sono proprio le serie televisive, che determinano uno scenario particolarmente elaborato, all'interno del quale fan e appassionati dedicano svariati prodotti della loro attività ai loro beniamini. Una combinazione di fattori pare essere la ragione per cui tali formati sono particolarmente ben funzionanti nel generare assiduità e attaccamento negli spettatori [18].

La longevità di questi format/generi è in grado di creare e al tempo stesso di alimentare e mantenere la lealtà che i

17   Ibidem

18   *V. Innocenti e G. Pescatore, "Le Nuove forme della serialità televisiva", Milano, Archetipo Libri, Bologna, 2008*

fan vi dedicano. A loro volta i fan rispondono in maniera così estesa alle sollecitazioni espresse da soap opera e serie anche a causa dei loro contenuti e dei loro temi specifici che attirano particolari categorie di spettatori, e sono determinanti nel mantenere la fedeltà e l'interesse degli appassionati lungo un periodo di tempo dilatato.

Il successo e l'efficacia di penetrazione di questi programmi non si misura unicamente nei termini di indici di ascolto, ma ha a che fare anche e soprattutto con la loro capacità di suscitare reazioni negli spettatori, e di accendere e stimolare la loro rielaborazione critica [19].

I fan usano lo strumento della scrittura per esprimere la risposta emotiva che lo show genera in loro, per commentare ciò che accade nel programma, per discuterne i personaggi e gli eventi e per analizzare la serie stessa.

Alcuni dei racconti scritti dai fan hanno ad esempio la funzione di riempire i vuoti lasciati dalle sceneggiature ufficiali, spesso arricchendo i personaggi di sfumature e risvolti emotivi inediti, altri ancora invece tendono a stabilire relazioni amorose tra determinati personaggi che sono solo accennate nello show. Questo lavoro viene etichettato come *fan fiction* [20].

La produzione di fiction da parte dei fan permette ai partecipanti di giocare con i personaggi e le situazioni, diventando parte attiva dell'universo di riferimento. La

19   Ibidem
20   Ivi, p.50

Cosplayer del *Trono di Spade*
(foto di Riccardo Bonuccelli, 2012)

fan fiction possiede svariati formati e, alle produzioni scritte (racconti, sceneggiature, poesie), si affiancano anche prodotti più complessi come quelli delle *fan art* (fotomontaggi, dipinti, poster con all'interno i personaggi della serie), le *fan series* (vere e proprie serie di breve durata caricate sui siti web quali Youtube), le *songfic* (canzoni composte dai fan sulla base di altre già esistenti, ma mutando le parole e inserendo riferimenti alle serie), fino a concludere con i fenomeni di *cosplaying* (i fan si travestono dai propri personaggi preferiti partecipando a veri e propri concorsi a riguardo).

In particolare esistono alcune serie di sotto-generi all'interno delle storie scritte dai fan, tra i quali: le *slash fiction* che hanno a che fare con la sfera sessuale, ma anche quelle denominate come *hurt-comfort*, in cui si racconta la storia di un personaggio immaginandolo malato, ferito e curato attraverso le cure di un altro personaggio.

I fan possono, a partire da queste poche coordinate, costruire complesse storie, che spesso ipotizzano complicate e morbose relazioni familiari, incesti e relazioni disfunzionali all'interno di uno show che manifesta comunque una rappresentazione della famiglia piuttosto complessa.

Recentemente si è inoltre notato come l'assidua attività dei fan a commentare e ad analizzare i singoli episodi di queste serie sia sfociata nei *social network*, quali *Face-*

book ma soprattutto *Twitter*. Questi, seguendo un'attenta strategia di marketing, vengono tenuti sotto controllo dai produttori di serie che, attraverso la creazione di un proprio account, arrivano a postare anticipazioni degli episodi pubblicizzandoli e a dialogare con i fan e anche a captare le loro preferenze.

I fan quindi acquisiscono un tale potere sulla serie da determinarne la chiusura o la creazione di un suo *spin off*, com'è successo recentemente con varie serie di successo.

4.2 - *Game of Thrones* e il successo tra i fan

Come più volte detto in precedenza, *Game of Thrones* nasce come adattamento della saga di romanzi *Le Cronache del Ghiaccio e del Fuoco*. Come tutti gli adattamenti, anche quest'ultimo ha trovato grandi difficoltà a uscire fuori dall'ombra dell'opera da cui è tratto. Perseguitato, infatti, dalla "maledizione" degli adattamenti, l'unico appiglio su cui *Game of Thrones* poteva contare era la fedeltà rispetto all'originale, in modo da potersi accaparrare il consenso dell'unico pubblico che aveva: i fan della saga.

È proprio su questo concetto che *Game of Thrones* è riuscito a costruire il suo impero di popolarità, non soltanto accontentando i fan "assidui" del romanzo, ma riuscendo anche a sbalordire i fan "della serie tv" tanto da invogliarli a leggere la saga da cui è tratto. Da questi due grandi blocchi di audience assidua, è nato il *fandom* del mondo di Westeros.

Molti sono stati i casi in cui i due *fandom* si sono trovati a condividere le stesse emozioni e passioni, cercando di stimolarsi a vicenda, commentando gli episodi della serie da entrambi i punti di vista, aprendo dei club di lettura, o dei veri e propri corsi universitari a riguardo, com'è successo con il docente Donald Riggs presso la Drexel University di Philadelphia.

Secondo quanto dichiaratomi infatti dal professor Riggs in persona, il suo corso si basa soprattutto sull'attenta lettura del primo volume della saga, e sulla rispettiva proiezione degli episodi della prima stagione della serie. Attraverso queste, gli studenti sono spronati a fare ricerche correlate venendo ad esempio a conoscenza di come Martin si sia ispirato ad alcune delle più importanti opere letterarie quali l'*Ivanhoe* di Walter Scott, o a veri e propri eventi storici come la Guerra delle due Rose (1455-1485) combattutasi in Inghilterra tra gli York e i Lancaster. Vi ricorda qualcosa la contrapposizione tra Stark e Lannister della saga di romanzi di Martin?

Come dunque per il *Trono di Spade* anche per molti altri romanzi, telefilm e film, il centro propulsore della fruizione di massa è nato dal piccolo *fandom* che, grazie alle nuove tecnologie, è riuscito a diffondere il proprio entusiasmo per questi prodotti mediali in tutto il mondo.

Per questo motivo molte multinazionali hanno deciso di far nascere un fenomeno del tutto nuovo all'economia culturale e all'economia mediale contemporanea, ovvero quello di un mercato destinato esclusivamente alla nicchia del *fandom* e, più in generale, a quella che viene definita la *cult-testualità* [21]. Si tratta di varie forme

21   *M. Scaglioni, "Tv di culto la serialità televisiva americana*

di marketing attuate per esempio nell'ultima stagione (la quarta) di *Game of Thrones* andata in onda a marzo 2014.

Benché lo show non abbia bisogno di una grossa attività di promozione, visto il notevole numero di spettatori che seguono la serie, la *HBO* ha voluto comunque cimentarsi nell'attuazione di una nuova forma di marketing interattivo al fine di incrementare l'interesse per il suo prodotto. Attraverso l'utilizzo delle loro avanzate strategie interattive, la loro campagna di marketing è da considerarsi una tra le più innovative degli ultimi anni [22]. Il tutto ebbe inizio circa due mesi prima della messa in onda dell'ultima stagione della serie con la creazione di una promozione intenta a coprire ogni ambito, ma soprattutto che intrattenesse il suo pubblico, stupendolo.

e il suo fandom", Milano, Vita e Pensiero, 2006
22   A. Chin, "Marketing Game of Thrones: you win or you die", 2013 - http://spinnakr.com/blog/social-media-2/2013/04/marketing-game-of-thrones/

4.2.1 - Il *merchandising*, le mostre, la birra, le ricette e i draghi

- **Join the Realm**

Sito interattivo realizzato dalla *HBO*, *Join the Realm*, ha permesso a tutti gli utenti iscritti, di poter creare divertendosi uno stemma della propria casata, ispirandosi a quelli dello show.

Invece dei metalupi e del classico "L'inverno sta arrivando", i fan hanno potuto personalizzare i propri emblemi, aggiungendo il proprio nome, i colori e il simbolo che preferivano. In pochi giorni il sito ha raggiunto un utenza pari a 8,6 milioni di persone che, unendosi a *Join The Realm*, hanno dimostrato il loro reale interesse per la serie. Anche la pagina ufficiale di *Twitter* si è attivata immediatamente, retwittando tutti gli stemmi che avevano realizzato i fan, e creandone di nuovi per le celebrità più popolari come ad esempio Bruno Mars e Mark Zuckerberg [23].

- **Gift Box**

---

23   Ibidem

Mentre venivano realizzati gli stemmi per le celebrità, la *HBO* si è attivata anche su altri campi inviando dei *gift box* (cofanetti regalo) personalizzati, ad alcune tra le celebrità più influenti d'America e d'Inghilterra.

I favolosi cofanetti regalo di legno inviati alle star con incisi i propri nomi, contenevano all'interno vari oggetti dai dvd delle prime due stagioni a gadget di ogni genere. Al tempo stesso le celebrità che hanno preso parte a questa "camuffata" campagna promozionale, tra cui ricordiamo Stephen Colbert e Conan O'Brien, sono stati a loro volta spinti a condividere i loro regali con tutti i loro *follower* di *Twitter*, pubblicandone una foto sul loro account.

Nonostante ciò però, alcuni fan più esperti hanno criticato il modo di agire della *HBO*, accusandoli di monopolizzare i social media per accrescere il successo del loro show televisivo [24].

• Le mostre

Nell'inverno 2013 il network americano ha realizzato la prima *Game of Thrones Exhibition* a livello mondiale, supportata dalla *Time Warner Cable*. Partita da New York, la mostra ha permesso ai fan, in maniera del tutto gratuita, di ammirare le armature, i costumi e gli oggetti

24   Ibidem

Pagina ufficiale del sito Join The Realm
(© Home Box Office, 2013)

Il comico americano Stephen Colbert su *Twitter*

Costume di scena di Jon Snow
(foto dell'autore, New York, 2013)

di scena presenti nello show.

Per accrescere il numero dei partecipanti all'evento era presente anche una replica del "Trono di Spade" su cui i fan potevano farsi scattare una foto ricordo. Dopo la tappa a New York la mostra si è spostata verso il Brasile, l'Olanda e l'Irlanda. L'evento ha fatto arrivare migliaia di fan da tutto il mondo, creando lunghissime code di persone in attesa, tra le quali alcune vestite come i protagonisti della serie, in tipico spirito *cosplayer*.

La mostra prevedeva oltre allo scatto della foto sul trono, la partecipazione a un gioco interattivo per testare le abilità dei fan alle prese col tiro con l'arco, e infine l'esposizione di numerosi *fan art*, sorteggiati dall'account ufficiale di *Tumblr* per dimostrare il legame che la *HBO* mantiene con i propri fan. Come per i gift box, anche alcune delle foto sul "Trono di Spade" sono state sorteggiate e *retwittate* dall'account ufficiale della serie, in modo da incrementare la loro linea promozionale [25].

• La birra

In aggiunta al marketing interattivo, il network ha deciso di creare la birra della serie, in partnership con la *Ommegang Brewery*, una birreria di New York in stile belga.

---

25   Helen O'hara, "The Game of Thrones Exhibition and the new way we consume stories", 2013

La *Ommegang* lanciò dunque la *Iron Throne Blonde Ale* in concomitanza con la messa in onda della prima puntata della nuova stagione, dichiarando di essere intenzionata a lanciarne altri tre tipi, dopo il notevole successo della prima.

• I ricettari

Sempre in campo enogastronomico nel maggio 2012 fu pubblicato in tutto il mondo un libro contenente le migliori ricette di Westeros, pronte per essere portate sulle tavole di tutti.

Dalle sontuose prelibatezze assaporate nei saloni di Approdo del Re, al più caldo e affumicato cibo del freddo Nord, fino alle ricche ed esotiche spezie dei popoli oltre il Mare Stretto, il ricettario contiene tutti i migliori sapori per ogni palato.

Ecco di seguito una delle ricette.

IL POLLO DELLA BARRIERA

Ingredienti:

- 1 pollo intero (sceglietene uno nero per essere in tinta con i Guardiani della Notte)

- 50 gr di prugne tritate

Iron Throne Blonde Ale
(foto di Danya Henninger, 2013)

A Feast of Ice & Fire
Ricettario 2012

- 50 gr di castagne tritate
- 50 gr di carote tagliate a dadini
- 200 gr di farina d'avena
- 1 cucchiaio di burro
- 100 ml di brodo di pollo
- Pangrattato

Ricetta:

Mescolate la farina d'avena al brodo di pollo finché non sarà completamente assorbita. Aggiungete le carote, le prugne, le castagne e il burro. Passate tutto al mixer e incorporate il pangrattato finché non avrete raggiunto la consistenza desiderata: non dovrebbe però essere troppo molle. Riempite il pollo con il ripieno e cuocetelo in forno finché non è pronto. Se avanza del ripieno, potete cuocerlo insieme al pollo e poi usarlo per guarnire il piatto.

In aggiunta a queste ricette inoltre, nel libro esiste una parte riservata alla guida alle buone maniere e all'intrattenimento durante i pasti in tipico stile dei Sette Regni.

• I draghi

HBO marketing a New York

Si può decisamente affermare che gli esperti di marketing si sono veramente dati da fare con la promozione di questa serie, tanto da riuscire a far avvistare draghi volanti persino a New York.

È proprio quello che è successo sulla facciata del palazzo della *HBO* e su una pagina del *New York Times*, in cui sono state apposte delle ombre giganti di un drago in volo, le quali hanno lasciato sbalorditi i lettori e i passanti che si sono soffermati a capire cosa fosse.

Dall'altra parte dell'oceano invece un team di tre scultori ha lavorato per due mesi alla costruzione di un teschio di drago, grande quanto un bus londinese, che è stato posto sulla spiaggia di Charmouth, nella contea di Dorset, nell'Inghilterra del sud, lasciando spiazzati i turisti che passavano da quelle parti [26].

Il *Trono di Spade* non è dunque un semplice telefilm da guardare il sabato sera con gli amici. Ogni episodio conquista il pubblico, immedesimandolo nella storia che vivono i protagonisti in modo tale da far nascere in loro l'ispirazione per proprie produzioni mediali. Tra le più famose è da ricordare ad esempio il video di reazione dei fan in seguito alla visione del nono episodio della

____

26   R. Dicker, *"Dragon skull installed on British Beach to promote Game of Thrones"*, 2013 - *http://www.huffingtonpost.com/2013/07/17/dragon-skull-beach-game-of-thrones_n_3611964.html*

Installazione di un teschio di drago sulla spiagia di Charmouth
(foto di Taylor Herring, 2013)

terza stagione, andato in onda il 2 giugno 2013 negli Stati Uniti.

Considerato dai produttori uno degli episodi più strazianti dell'intera saga, ha lasciato milioni di fan e spettatori in lacrime, a causa della morte di alcuni protagonisti.

Il tanto atteso episodio ha così permesso ai fan lettori della saga, già consapevoli di quel che sarebbe accaduto, di registrare in diretta le reazioni dei loro amici, che avrebbero visto l'episodio per la prima volta. Il tutto ha generato dieci minuti di video di fan di ogni età che, guardando gli ultimi secondi dell'episodio, scoppiano in lacrime, urlano per casa e accusano i propri amici di averli ripresi, divenendo un vero cult nel mondo di *YouTube*.[27]

Se ci volessimo soffermare su questi cosiddetti *viral video*, tra i più famosi si annovera senz'altro la realizzazione della web serie (serie di episodi realizzati da un gruppo di persone e messi on line o su *YouTube*) *School of Thrones*. All'interno di questa troviamo i protagonisti della casata Stark catapultati al liceo e alle prese con i loro più "grandi" problemi esistenziali, come: chi vincerà il titolo di reginetta dell'anno Sansa Stark o Cersei Lannister? Jon Snow riuscirà a uscire dal gruppo dei Nerd per conquistare l'amore della solitaria Daenerys

---

27   C. Hartsell "Reaction to Game of Thrones Red Wedding", *Huffingtonpost*, 2013

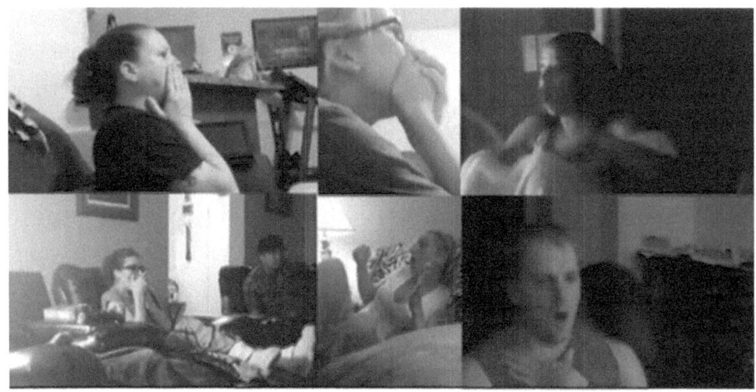

Reaction videos "Red Wedding"

School of Thrones
(Web serie, 2013, YouTube)

Targaryen? E, infine, Loras dichiarerà pubblicamente la sua omosessualità?

Realizzato con dovizia di particolari e una storyline tipica dei teen drama, la web serie è stata un totale successo su internet, tanto da essere pubblicizzata dagli stessi membri del cast dello show originale. Di tutt'altro genere vi sono invece i cosiddetti *cosplay-video* creati dagli artisti Lindsey Stirling e Peter Hollens, i quali cimentandosi in veri e propri video musicali basati sulle melodie di *Game of Thrones*, cantano, suonano e vestono i panni dei protagonisti.

Un'ennesima dimostrazione della popolarità del fenomeno del *Trono di Spade* è dimostrabile dai riferimenti che continuano senza freni ad apparire all'interno degli show della tv americana. Da *The Big Bang Theory* a *Chuck*, *Il Trono di Spade* è arrivato a essere omaggiato persino dai *Simpson*. Nell'episodio "The Ten-Per-Cent Solution" (l'ottavo episodio della ventitreesima stagione), Krusty il clown licenziato dalla sua serie tv e cerca in tutti i modi di ottenere un altro show nel canale *HBOwtime* (chiaro riferimento alla *HBO*). Durante una sequenza in cui vengono mostrati gli spot del canale, troviamo una versione *simpsonizzata* del cast di *Game of Thrones*, oltre che all'intera sigla dei *Simpson* ricreata ad immagine e somiglianza di quella del *Trono di Spade*.

The Simpsons versione Game of Thrones
(23x08 The Ten-Per-Cent Solution, Fox)

In conclusione *Game of Thrones* è divenuto dunque un fenomeno a 360 gradi, che è riuscito ad insidiarsi all'interno della nostra quotidianità tanto da diventare un simbolo del genere fantasy e una icona mondiale della *pop culture*.

4.2.2 - Una nuova serie tv ambientata a Westeros?

Se da un lato ci sono i produttori della serie a investire i soldi in assidue attività di marketing per garantirsi l'appoggio dei fan. Dall'altro, solo recentemente, si è andato a sviluppare il fenomeno completamente opposto, in cui i fan impiegano il loro denaro per dei progetti creativi basati su film o serie tv.

Questo è quanto è successo con la nascita del *crowdfunding* (processo collaborativo di un gruppo di persone, che utilizza il proprio denaro in comune per sostenere gli sforzi di persone ed organizzazioni).

Colui che ha portato alla notorietà il *crowdfunding* oltreoceano è stato il presidente Usa Barack Obama, pagando parte della sua campagna elettorale per la presidenza, con i soldi donati dai suoi elettori, i quali erano i primi portatori di interesse [28].

Molte sono state le iniziative di questo genere anche nel mondo televisivo e cinematografico, e *Game of Thrones* ha avuto la sua parte.

---

28   V. Maccari: *"Crowdfunding: il finanziamento arriva da internet"*, *Repubblica*, 2013 - *http://www.repubblica.it/economia/ affari-e-finanza/2013/07/22/news/crowdfunding_il_finanziamento_arriva_da_internet-63441781/*

Nel 2012 un gruppo di fan ha voluto cimentarsi in una web serie basata a sua volta su una serie di racconti intitolati *Tales of Dunk and Egg* del 1998. Una raccolta pubblicata recentemente in Italia da Mondadori dal titolo *Il Cavaliere dei Sette Regni*.

Scritto da Martin, *Tales of Dunk and Egg* è ambientato sempre nel mondo di Westeros, novanta anni prima rispetto alla storia narrata nelle *Cronache del Ghiaccio e del Fuoco*, i cui protagonisti sono appunto Dunk ed Egg, antenati della dinastia del *Trono di Spade*.

Entusiasti dell'idea, il gruppo di appassionati si è messo all'opera calcolando i costi del progetto pari a 10mila dollari, una cifra impossibile per dei semplici ragazzi.

Quest'ultimi hanno deciso perciò di proporre l'idea sul sito di *Kickstarter* (sito di *crowdfunding* per progetti creativi) concedendo alle persone di tutto il mondo la possibilità di donare qualsiasi cifra per la realizzazione di questo progetto. Sfortunatamente quest'ultimo non è riuscito ad ottenere la somma stabilita, ma l'idea che hanno proposto ha dato lo spunto alla *HBO* per la realizzazione di un nuovo progetto televisivo [29].

L'ispirazione è nata durante un incontro tra la *HBO* e l'autore Martin, il quale ha affermato di essere ancora alle prese con la scrittura del sesto libro della saga. Tutta-

---

29   S. Gutelle: *"Fanmade Game of Thrones prequel needs your aid in battle"*, 2012 - *http://www.tubefilter.com/2012/09/15/game-of-thrones-dunk-and-egg-web-series/*

via il network continua a produrre la serie che è arrivata quest'anno alla sua quarta stagione, narrando parallelamente le storie del terzo e quarto volume della saga, arrivando già per qualche personaggio in pari con la fine del romanzo. Calcolando che Martin ha impiegato più di quattro anni per la scrittura dell'ultimo volume, come riusciranno i produttori a mandare avanti una serie senza uno *script*?

L'idea che è uscita fuori è stata dunque quella di produrre un *prequel* della saga, già scritto dall'autore, per permettere di concludere a Martin il romanzo.

La notizia di un eventuale *prequel* risulta ancora non confermata, ma nel caso in cui non fosse possibile continuare a girare la serie per mancanza di materiale, sarà sicuramente preso in considerazione il progetto [30].

In conclusione citando le parole di Jenkins: "Nell'attuale nuovo contesto dei media, il *fandom* non perde la sua caratteristica di cultura partecipativa, ma anzi ne rafforza proprio questo tratto in un ambiente mediale convergente. Ereditando alcuni tratti sviluppatesi negli anni Novanta attorno a serie di culto come *X-Files* e *Twin Peaks*, i *losties*, i fan di *Lost*, impegnati nell'elaborazione di complesse teorie sull'universo creato nella serie, rompono l'ultimo tabù nella rappresentazione culturale del *fandom*: da fanatici, ossessionati e soggetti patologici i fan diventano ora spettatori critici, appassionati e com-

30   J. Lacob: "Hbo reportedly mulling Game of Thrones prequel series", 2013 - http://www.thedailybeast.com/articles/2013/03/22/hbo-reportedly-mulling-game-of-thrones-prequel-series.html

petenti. Gli spettatori ideali per forme narrative sempre più raffinate e complesse" [31].

---

31   *H. Jenkins: "Cultura convergente", Milano, Apogeo, 2007*

Conclusione

La realizzazione del successo della saga de *Il Trono di Spade* è stata graduale e ponderata. Molte sono state le problematiche riscontrate nella sua creazione e soprattutto nella sua trasposizione sul piccolo schermo. Sin dall'inizio, questo progetto sembrava essere irrealizzabile per vari motivi: primo fra tutti la sua complessità narrativa. La storia infatti, basandosi su una decina di famiglie diverse intenzionate alla conquista del trono, ha previsto la ricerca di tantissime location differenti, oltre a uno dei cast più numerosi della storia della televisione, comportando dunque l'eliminazione anche di qualche personaggio.

Un secondo motivo è stato costituito dal modo con cui la numerosa quantità di informazioni (che i lettori riescono ad acquisire dal libro) potesse essere reinserita nella serie, senza cadere in lunghi e noiosi episodi. Fortunatamente a tutto ciò si è saputo trovare un'opportuna soluzione creando complessi e arguti dialoghi, ispirati a testi filosofici, che contenessero tutte le informazioni necessarie a far capire allo spettatore la cornice in cui si sviluppa la trama.

A tal proposito data la complessità con cui ogni episodio viene strutturato e i profondi temi affrontati nella serie, molti docenti hanno preso in considerazione la realizzazione di veri e propri corsi universitari a riguardo.

Riagganciandomi alla serie e a tutte le problematiche incontrate, esse non si sarebbero mai risolte se non grazie all'apporto dei produttori, ma soprattutto al supporto finanziario e non solo del network della *HBO*. Esso sin dalla sua nascita ha voluto puntare sulla creazione di prodotti di qualità, senza badare ai dati d'ascolto per puntata.

Il loro unico scopo è sempre stato quello di conquistarsi l'appoggio di un pubblico di nicchia, che apprezzasse i prodotti di un certo livello, e che non si svendesse ai canali in chiaro e a tutti quei format popolari. Per raggiungere questo obiettivo la *HBO* ha voluto così puntare sulla promozione, divenendo uno dei network più all'avanguardia a livello di *project marketing*.

Il network americano ha cercato di adattarsi ai tempi, creando piattaforme virtuali che affiancassero le nuove generazioni nella visualizzazione online dei loro programmi, o realizzando percorsi interattivi e negozi virtuali per l'acquisto di gadget e merchandising delle loro serie. Tutto ciò ha ovviamente favorito l'attaccamento del pubblico a questo canale, che è riuscito a farsi riconoscere in tutto il mondo.

Se da un lato quindi la promozione e il supporto finanziario della *HBO* sono riusciti a garantire a *Game of Thrones* un posto nella top ten dei telefilm più seguiti a livello mondiale, purtroppo in Italia con la messa in onda su *Rai 4*, la serie è andata incontro solo a critiche e polemiche, conquistandosi con la forza il rinnovo per la seconda stagione, e acquisendo in ogni caso un discreto successo sulla piattaforma *Sky*.

Il risultato di tutto ciò è da ricondurre per la maggior parte ad un solido *fan base* che segue assiduamente i libri e la serie, e riesce a crearsi dei propri mondi dove poterne discuterne, realizzando proprie creazioni e rendendo *Il Trono di Spade* uno dei telefilm più attesi ogni anno.

In questi giorni, infatti, spopolano su internet centinaia di news riguardo la prossima stagione che andrà in onda ad aprile 2015, e che sta avendo come luogo di riprese Spagna e Croazia. Negli ultimi mesi, nei paesi in questione si è arrivati persino a creare dei veri e propri tour guidati, con mappe dei set scaricabili da internet aperti al pubblico in fasce orarie prestabilite, e chiusi ovviamente durante le riprese.

C'è bisogno dunque di prendere in considerazione la dimensione emozionale nelle esperienze dei fan che si mutano in forme di produttività. Esse non producono significati e piaceri solo nel piccolo contesto della vita quotidiana, ma li fanno circolare all'interno di una comunità più ampia e trasformano quei significati/piaceri in forme superiori, capaci di generare un'ulteriore economia culturale, sottratta però alle leggi del mercato e tipicamente resistente.

In conclusione senza attaccamento emozionale e senza le passioni dei fan, le culture mediatiche e i successi riscontrati negli ultimi anni sia al cinema che in tv non esisterebbero.

I CONTENUTI EXTRA

Sul sito dedicato al libro
www.westeros.mabed.it troverai

- IL VIDEO BOOKTRAILER

- LA PRESENTAZIONE VIDEO DEL LIBRO CON INTERVISTA ALL'AUTRICE

- IL BLOG, GESTITO DIRETTAMENTE DALL'AUTRICE, CON TUTTI GLI AGGIORNAMENTI SUL MONDO DEL *TRONO DI SPADE*

Segui *Westeros* anche su

Twitter: **@FabiolaWesteros**

Facebook: **westeros.mabed**

In edizione eBook MABED - Edizioni Digitali

e-saggi

Il più grande crimine
Paolo Barnard
(anche in versione cartacea)

**La storia dell'economia (che ti dà da mangiare)
spiegata a Lollo del mio bar**
Paolo Barnard

Nonna, ti spiego la crisi ecoonomica
Paolo Barnard
(anche in versione cartacea)

&

e-saggi fantasy

Westeros. Il Trono di Spade dal romanzo alla realtà
Fabiola Cannata

www.mabed.it

 mabededizionidigitali

 MABED_eBook